O LADO SÉRIO DA BRINCADEIRA:

UM OLHAR PARA A AUTOESTIMA DO EDUCADOR

© 2013 by Nelson Gonçalves

© Direitos de publicação

CORTEZ EDITORA
Rua Monte Alegre, 1074 – Perdizes
05014-001 – São Paulo – SP
Tel.: (11) 3864-0111 Fax: (11) 3864-4290
cortez@cortezeditora.com.br
www.cortezeditora.com.br

Direção
José Xavier Cortez

Editor
Amir Piedade

Preparação
Alessandra Biral e Isabel Ferrazoli

Revisão
Gabriel Maretti
Rodrigo da Silva Lima

Edição de Arte
Mauricio Rindeika Seolin

Projeto e Diagramação
More Arquitetura de Informação

Ilustração
Mozart Acs

Obra em conformidade ao
Novo Acordo Ortográfico da Língua Portuguesa

Dados Internacionais de Catalogação na Publicação (CIP)
(Câmara Brasileira do Livro, SP, Brasil)

Gonçalves, Nelson
   O lado sério da brincadeira: um olhar para a autoestima do
educador / Nelson Gonçalves. – 1. ed. – São Paulo: Cortez,
2013.

   Bibliografia.
   ISBN 978-85-249-2140-7

   1. Atividades criativas 2. Autoestima 3. Brincadeiras
4. Educação de crianças 5. Jogos educativos 6. Pedagogia
7. Psicologia da aprendizagem I. Título.

13-11263   CDD-371.337

Índices para catálogo sistemático:
1. Atividades lúdicas: Pedagogia: Educação   371.337

Impresso na Índia — abril de 2018

O LADO SÉRIO DA BRINCADEIRA

UM OLHAR PARA A AUTOESTIMA DO EDUCADOR

Nelson Gonçalves

1ª edição
2ª reimpressão

Gostaria de dedicar este livro

à minha esposa e filha, as pessoas que

eu mais admiro na vida,

aos meus pais, que de um jeito ou de outro sempre

procuraram fazer o seu melhor para mim,

e aos meus professores e amigos Alípio Rodrigues Pines,

Hélio Barbosa e Marcia Eloriaga, que contribuíram

para o meu desenvolvimento profissional.

Sumário

Introdução..**10**

1. O lado sério da brincadeira........................**12**
▶ Sugestão de atividade: meditação..................**16**
▶ Leitura complementar:
O urso burro, de Rubem Alves.........................**16**

**2. A importância da família no processo
ensino-aprendizagem dos filhos**...............**18**
▶ Sugestão de atividade: matroginástica............**22**
▶ Leitura complementar: *Mensagem
à família*, de Eugênia Puebla...........................**23**

**3. Jogos e brincadeiras tradicionais:
um instrumento de aprendizagem de
professores e alunos**..................................**24**
▶ Formas de transmissão de jogos e
de escolha de participantes **27**

- Sugestões de atividades: parlendas, trava-línguas, adivinhas, adoletá, amarelinha, bambolê de guerra, bate figurinha (jogo de bafo), cama de gato (jogo do barbante), carrinho de mão, morto-vivo, passa anel, pular corda, sombra **28**
- Leitura complementar: *Só brincando*, de Anita Wadley **35**

4. Jogos cooperativos: uma proposta educacional **36**

- Aspectos funcionais das regras **39**
- A competição e sua relação com as regras **40**
- A cooperação e suas soluções **41**
- Sugestões de atividades: autógrafos, caixa de segredos, carrossel, ilha deserta **42**
- Leitura complementar: *Poema pedagógico*, de Anton Makarenko **45**

5. Cantigas de roda e brincadeiras cantadas: uma perspectiva educacional **46**

▶ Sugestões de atividades: cantigas de ninar (acalantos), cantigas de roda **48**

▶ Leitura complementar: cantigas de roda **51**

6. A criatividade como instrumento de uma prática pedagógica **52**

▶ Sugestões de atividades: técnicas para romper bloqueios mentais **55**

▶ Leitura complementar: *O Mito da Caverna*, de Platão **57**

7. O teatro e os jogos teatrais contribuindo com o educador **58**

▶ Sugestões de atividades: aquecimento, relaxamento, marionetes, pantomima **60**

▶ Leitura complementar: *Aqueles que não podem ser domesticados*, de Célestin Freinet **62**

8. Um educador com uma boa autoestima faz a diferença **64**

▶ Dicas para se elevar a autoestima **67**

▶ Leitura complementar: *Quando amei de verdade...* (baseado em um texto de Charlie Chaplin) **68**

▶ **Referências bibliográficas** **69**

Introdução

Para você, meu leitor ou leitora que acredita na esperança, novos tempos se avizinham todos os dias em nossa vida: sejam no sorriso de uma criança, sejam nas festas da escola, nos gestos de solidariedade vivenciados cotidianamente ou nos projetos engavetados à espera de ver a luz do sol, há sempre mais motivos para esperança do que receio.

Por isso escrevi este livro: para apresentar experiências e atividades desenvolvidas ao longo de minha trajetória no campo educacional. Meu objetivo não é fazer dele somente um manual prático ou um texto teórico para pesquisas acadêmicas. Minha intenção é que esta obra se torne ao leitor/educador uma fonte de inspiração para que tire suas próprias conclusões.

Desejo que você, caro leitor, reflita e compreenda exatamente o que quiser, em função de seus valores, de suas convicções, de seus preconceitos e de sua história pessoal. Reconheço, porém, que provocar tal reflexão realmente não é tarefa fácil. É comum as pessoas dizerem que estão interessadas nas possibilidades de mudança e transformação de seu comportamento, contudo, suas ações acabam por contradizê-las. Todos, na teoria, desejam, sonham e almejam sempre o melhor, mas, na prática, tendem a manter tudo da mesma forma.

É preciso compreender que o medo de fazer a mudança acontecer impede-nos de reconstruir nossa vida, nossa esperança, nossos sonhos.

Proponho uma reflexão especial a partir de brincadeiras. Você se lembra das suas brincadeiras de criança? Com o passar do tempo, acabamos por desprezá-las. Porque nos tornamos adultos, parece-nos estranho brincar, como se brincar fosse perda de tempo e não um momento especial de crescimento e desenvolvimento.

Além de auxiliar na construção da personalidade infantil, os jogos e as brincadeiras colaboram para o pleno desenvolvimento da criança. Ao longo destas páginas, você irá perceber que, por meio deles, também é possível incentivar a autoestima do educador e desenvolver suas melhores potencialidades. Isso acontece porque o lúdico e a criatividade são os instrumentos básicos para uma verdadeira educação.

Por isso, acredite e transforme-se. Quebrar paradigmas é o primeiro passo para vivenciar os novos tempos.

Um abraço!

Nelson Gonçalves

1. O lado sério da brincadeira

> Certa vez, em um desses cursos, de que fazia parte um homem que fora, durante longo tempo, operário, se estabeleceu uma dessas discussões em que se afirmava a "periculosidade da consciência crítica". No meio da discussão, disse este homem: "Talvez seja eu, entre os senhores, o único de origem operária. Não posso dizer que haja entendido todas as palavras que foram ditas aqui, mas uma coisa posso afirmar: cheguei a esse curso ingênuo e, ao descobrir-me ingênuo, comecei a tornar-me crítico. Esta descoberta, contudo, nem me fez fanático, nem me dá a sensação de desmoronamento".
>
> (Freire,1987)

Após anos atuando como palestrante em vários lugares do Brasil, pude observar que, apesar de muitos estudiosos defenderem a importância do ato de brincar na vida das pessoas, a própria sociedade impõe que o brincar é falta de seriedade.

Somos obrigados precocemente a deixar de lado nosso universo infantil para penetrar na realidade da vida adulta, período em que o ato de brincar costuma ser relacionado apenas com quem ainda não cresceu ou não amadureceu. Fato é que, desde cedo, somos educados a ser produtivos.

Com base em estudos sobre a dificuldade do adulto em vivenciar o lúdico, pesquisas sobre o cérebro mostram que a razão passou a ser um instrumento de autodeterminação do ser humano; por meio dela, o homem encontraria respostas e alcançaria sua dignidade, valorização e plenitude na sociedade. Para Santos (2001, p. 10): "[...] a supervalorização da razão deu origem aos valores e crenças nas quais se assentam os paradigmas vigentes, portanto, responsáveis pelas ações e comportamentos dos adultos de hoje".

Razão e emoção, porém, estão no mesmo patamar. Diferenciam-se apenas pela influência de cada uma delas no âmbito das dimensões do ser humano, em seu processo de criação ou de aprendizado.

Atualmente, observa-se a supervalorização da razão nos processos de constituição humana e a inibição das características que contribuem para a ludicidade. O adulto que se utiliza do brincar em seu campo profissional acaba entrando em confronto com um padrão de comportamento estabelecido e determinado pela perspectiva da racionalidade.

É importante ressaltar que o brincar não põe em risco a autoridade do educador. Ao contrário, esse ato promove um sentimento de cumplicidade entre o adulto e a criança, permite a aproximação dos universos e facilita as relações de convivência e de aprendizagem. Como defende Cruz (1997, p. 12):

> *A ludicidade é uma necessidade do ser humano em qualquer idade e não pode ser vista apenas como diversão. O desenvolvimento do aspecto lúdico facilita a aprendizagem, o desenvolvimento pessoal, social e cultural, colabora para uma boa saúde mental, prepara para um estado interior fértil, facilita os processos de socialização, comunicação, expressão e construção do conhecimento.*

Com base nesse conceito, é fundamental que os educadores se apropriem dessa percepção lúdica de dimensão significativa na formação da criança para sua prática diária como ser humano.

Atualmente, a maioria dos cursos de nível superior só oferece a base teórica, sem preparar o aluno para o mercado de trabalho. Cada um se torna responsável por buscar maneiras para se aperfeiçoar, para procurar algo além de sua formação.

Então, se em algumas universidades o lúdico inexiste nos currículos oficiais de graduação de educadores, como esperar que, depois de formados, se utilizem da ludicidade em suas aulas? Se a formação não contempla o lúdico e não confere a devida importância ao movimento do corpo nem a sentimentos e emoções individuais, é evidente que os professores terão muita dificuldade em se apropriar desses elementos em suas aulas, uma vez que não foram preparados para tal. Segundo Harres (2001, p. 82),

> *[...] é preciso mexer com a formação e, sobretudo, com a sensibilidade dos professores. Acreditamos na importância da formação sistematizada e contínua que aconteça em várias frentes para que se possa alicerçar o acordar desse sujeito [lúdico] que parece estar adormecido.*

Para muitos estudiosos, a teoria e a prática são indispensáveis no processo ensino-aprendizagem. Se a formação acadêmica não priorizar isso, os educadores encontrarão muita dificuldade para detectar e se familiarizar com uma atitude lúdica. Tanto a sociedade quanto a escola estão voltadas para a produção, sem dar a devida importância da ludicidade à prática docente. Quem afirma isso é Kishimoto (1998, p. 131):

> *Pela visão do profissional, o brincar não pode integrar-se às atividades educativas, ocupa lugar fora da sala de aula, não sendo sua tarefa interagir com a criança por meio da brincadeira, cabe a outro esse papel. As razões da dicotomia entre o educador e o brincar indicam as dificuldades enfrentadas pelos profissionais de compreender o lúdico.*

A teoria sobre o brincar permite seu conhecimento somente no plano intelectual quando valoriza os moldes da educação formal. No entanto, é importante que tal conhecimento seja posto em prática para que se possa brincar, sentir, viver, trocar alegrias, afetos e emoções. Afinal, brincar se aprende brincando. "Brincar é fazer" (Winnicott, 1996, *apud* Rosa, 1998).

Sugestão de atividade: meditação

É impressionante verificar as reações dos participantes quando resgatam lembranças de sua infância. Em minhas palestras, costumo aplicar o seguinte exercício de meditação:

Deitado no chão, relaxe e tente se lembrar de quando você tinha 6 anos de idade. Como era seu quarto, sua cama, seu travesseiro; qual era seu brinquedo favorito, o lugar secreto onde escondia suas coisas... Depois, comece a brincar, procurando sentir novamente a emoção de estar vivendo aquilo de novo. Tente se lembrar das cores, do cheiro, da maciez de sua cama. Tente recordar os momentos mais felizes. Imagine agora que, em seu quarto, próximo à sua cama, há um pedaço de papel e uma caneta. Aproxime-se da folha e escreva, em letras grandes: "Eu estive aqui!". Olhe bem para seu quarto novamente, absorvendo o máximo de informações que puder, e vá embora.

Leitura complementar: *O urso burro*, de Rubem Alves

Há a história dos dois ursos que caíram em uma armadilha e foram levados para um circo. Um deles, com certeza mais inteligente que o outro, aprendeu logo a se equilibrar na bola e a andar no monociclo, o seu retrato começou a aparecer em cartazes e todo mundo batia palmas: "Como é inteligente!"

O lado sério da brincadeira

O outro, burro, ficava amuado em um canto, e, por mais que o treinador fizesse promessas e ameaças, não dava sinais de entender. Chamaram o psicólogo do circo e o diagnóstico veio rápido: "É inútil insistir. O QI é muito baixo..." Ficou abandonado em um canto, sem retratos e sem aplausos, urso burro, sem serventia...

O tempo passou. Veio a crise econômica e o circo foi à falência. Concluíram que a coisa mais caridosa que se poderia fazer aos animais era devolvê-los às florestas de onde haviam sido tirados. E, assim, os dois ursos fizeram a longa viagem de volta. Estranho que em meio à viagem o urso tido por burro parecia ter acordado da letargia, como se ele estivesse reconhecendo lugares velhos, odores familiares, enquanto seu amigo de QI alto brincava tristemente com a bola, último presente.

Finalmente, chegaram e foram soltos. O urso burro sorriu, com aquele sorriso que os ursos entendem, deu um urro de prazer e abraçou aquele mundo lindo de que nunca se esquecera. O urso inteligente subiu na sua bola e começou o número que sabia tão bem. Era só o que sabia fazer. Foi então que ele entendeu: em meio às memórias de gritos de crianças, cheiro de pipoca, música de banda, saltos de trapezistas e peixes mortos servidos na boca, há uma inteligência que é boa para circo. O problema é que ela não presta para viver. Para exibir sua inteligência ele tivera de se esquecer de muitas coisas. E esse esquecimento seria sua morte...!

2. A importância da família no processo ensino-aprendizagem dos filhos

> *A mim me dá pena e preocupação quando convivo com famílias que experimentam a "tirania da liberdade" em que as crianças podem tudo: gritam, riscam as paredes, ameaçam as visitas em face da autoridade complacente dos pais, que se pensam ainda campeões da liberdade.*
>
> (Freire, 2000)

Como educador, passei por diversas experiências no processo ensino-aprendizagem. Em especial, compartilho aqui uma delas, que aborda a importância da relação entre escola, educadores, educandos e família:

Quando comecei a lecionar na Educação Infantil, confesso que não me sentia muito preparado para enfrentar tal desafio. Minha primeira aula (no Jardim I) foi um desastre: as crianças menores só choravam e as maiores não prestavam atenção ao que eu falava. Resolvi fazer uma brincadeira de pega-pega com os alunos, e alguns acabaram se machucando. A diretora apareceu e me perguntou o que estava acontecendo. Eu lhe respondi, de forma ingênua, que as crianças não sabiam brincar. Então ela me olhou fixamente e me perguntou o que falaria para os pais, e eu lhe respondi que eu mesmo lhes falaria aquilo.

Algumas semanas depois, a diretora pediu-me que organizasse a festa do Dia dos Pais. Fiquei muito feliz em saber que poderia mostrar meus talentos de animador, promovendo um encontro que ajudasse a integrar pais e filhos. Então planejei tudo: organizei as atividades, ensaiei as crianças e, com as professoras, decorei todo o espaço. Mas, para minha surpresa, poucos pais apareceram. Foi uma frustração geral. Eu não entendia por que não haviam participado da festa feita para eles com tanto carinho. Perguntei à diretora o motivo daquela evasão, e, para meu espanto, ela disse que a ausência dos pais era "normal" e que eu não deveria me preocupar, pois os que haviam comparecido ficaram satisfeitos.

Pedi, então, à diretora que me deixasse participar da próxima reunião de pais. Na presença deles, falei sobre a importância de participar mais dos eventos da escola e das atividades dos filhos. Em seguida, cantei uma música infantil (que costumava cantar com meus alunos) e percebi que todos interagiam com um sorriso espontâneo no rosto. Depois de cantar, expliquei-lhes que aquela simples melodia estava trabalhando vários fatores de desenvolvimento de seus filhos, como a atenção, a sequência lógica, o ritmo, a coordenação motora, a pronúncia das palavras. Ao final da explicação, todos me olhavam em silêncio, como se eu tivesse dito alguma coisa extraordinária que tivesse despertado neles algo adormecido. Quando a reunião terminou, muitos pais vieram me cumprimentar; alguns quiseram tirar dúvidas sobre seus filhos.

Daquele dia em diante, a diretora, os professores e os pais perceberam a importância do trabalho conjunto. Em todas as reuniões, preparávamos, juntos, atividades diferentes de integração com o objetivo de melhorar o processo de ensino-aprendizagem dos alunos, da família e da própria escola.

A partir dessa experiência pude perceber que, em um processo ensino-aprendizagem bem-sucedido, família e escola devem seguir os mesmos princípios, critérios e objetivos. Como detentora do conhecimento científico, a instituição escolar deve proporcionar a transmissão desses conhecimentos aos alunos para que se tornem pessoas críticas, transformadoras e democráticas.

Por sua vez, as famílias, responsáveis pelo desenvolvimento social e psicológico dos filhos, devem buscar a interação com o ambiente escolar, promovendo, questionando, sugerindo discussões e iniciativas que vão ao encontro das necessidades de seus filhos. Em outros termos, cabe às famílias garantir a sobrevivência e a proteção integral das crianças e dos adolescentes, independentemente do arranjo ou forma como elas vêm se estruturando (Kaloustian, 1988).

Tanto a escola quanto a família podem mudar a fim de melhor responder ou lidar com problemas ou situações estressantes. É preciso que haja uma conscientização entre família e escola sobre o papel de cada uma na sociedade e no processo de desenvolvimento dos alunos/filhos. Só assim eles se tornarão no futuro adultos críticos e ativos.

É importante citar que não existe uma fórmula mágica que possa ser aplicada a todos os alunos. Para Freire (2000, p. 30), "a mudança é uma constatação natural da cultura e da história. O que ocorre é que há etapas, nas culturas, em que as mudanças se dão de maneira acelerada. É o que se verifica hoje. As revoluções tecnológicas encurtam o tempo entre uma e outra mudança".

Sugestão de atividade: matroginástica

Segundo Guiselini (1985), a matroginástica (ginástica praticada com envolvimento direto entre pais e filhos) é originária da Alemanha e foi trazida ao Brasil em 1975 pelo professor Helmut Schutz. Seu objetivo principal é aproximar, divertir e realçar o relacionamento entre pais e filhos. Não é necessário que os educadores sejam professores de dança ou de ginástica para aplicar esse tipo de atividade em sua escola.

A matroginástica pode ser realizada, por exemplo, em um palco ou tablado, utilizando-se um equipamento de som completo (CDs, caixa de som, toca-CD, microfone), além de bexigas, jornais, bastões, cordas e instrumentos de percussão. Mas também pode ser realizada sem recurso algum.

Os movimentos da matroginástica devem ser simples, nos quais se trabalham qualidades físicas como: força, velocidade, coordenação, equilíbrio, ritmo, flexibilidade, resistência, agilidade, de forma descontraída e divertida. Para o referido autor, além dos benefícios citados, essa técnica favorece a integração entre escola, pais e professores pelo compartilhamento de atividades em grupo e estimula uma melhor qualidade de vida pela prática de exercícios físicos.

Leitura complementar: *Mensagem à família*, de Eugênia Puebla

Na educação de nossos filhos todo exagero é negativo.
Responda-lhe, não o instrua.
Proteja-o, não o cubra.
Ajude-o, não o substitua.
Abrigue-o, não o esconda.
Ame-o, não o idolatre.
Acompanhe-o, não o leve.
Mostre-lhe o perigo, não o atemorize.
Inclua-o, não o isole.
Alimente suas esperanças, não as descarte.
Não exija que seja o melhor, peça-lhe para ser bom e dê exemplo.
Não o mime em demasia, rodeie-o de amor.
Não o mande estudar, prepare-lhe um clima de estudo.
Não fabrique um castelo para ele, vivam todos com naturalidade.
Não lhe ensine a ser, seja você como quer que ele seja.
Não lhe dedique a vida, vivam todos.
Lembre-se de que seu filho não o escuta, ele o olha.
E, finalmente, quando a gaiola do canário se quebrar, não compre outra...
Ensine-lhe a viver sem portas.

3. Jogos e brincadeiras tradicionais: um instrumento de aprendizagem de professores e alunos

Criança que não brinca não é criança. Adulto que não brinca perdeu para sempre a criança que existe dentro dele

(Neruda, 1980)

Quando penso em minha infância, lembro-me da maneira como eu e meus amigos brincávamos livres nas ruas, nos terrenos baldios, nas calçadas. Havia apenas algumas regras impostas pelos mais velhos que deveríamos seguir à risca para continuar nas brincadeiras.

Jogávamos bola no campinho de terra batida, onde participávamos de campeonatos contra o pessoal da rua debaixo. Jogávamos pelo simples prazer de jogar; ganhar não era o mais importante; o que realmente nos importava eram os dribles e os gols. Intuitivamente, brincando, abordávamos o lúdico[1].

Desde o século XVII, o conceito de infância, bem como os cuidados oferecidos às crianças, vem passando por importantes transformações. E, mais recentemente, estudiosos passaram a observar melhor a importância do brincar na formação integral da criança, cujo interesse provocou a elaboração de políticas públicas para a Educação Infantil. Pode-se dizer que, hoje, busca-se uma visão mais global da importância da infância no processo de amadurecimento do ser humano.

Para Kishimoto (2005), a brincadeira tradicional infantil desenvolve modos de convívio social, preserva a cultura e garante seus aspectos lúdico e imaginário.

---

[1] Palavra originária do latim *ludus*, que significa 'jogo'. Em seu livro *Homo ludens: o jogo como elemento da cultura*, o filósofo Johan Huizinga escreveu que o jogo é uma categoria absolutamente primária da vida, tão essencial quando o raciocínio e a fabricação de objetos. Então a denominação *Homo ludens* significa que o elemento lúdico está na base do surgimento e do desenvolvimento da civilização.

Já para Friedmann (1996), o resgate dos jogos tradicionais é de suma importância, pois fazem parte do patrimônio lúdico e servem como instrumento para o desenvolvimento das capacidades físicas, motoras, sociais, afetivas, cognitivas e linguísticas nas crianças.

De acordo com a autora, a brincadeira tradicional infantil, aliada ao folclore, incorpora a mentalidade popular, uma vez que se expressa, sobretudo, pela oralidade. Considerada parte da cultura popular, essa modalidade de brincadeira revela as crenças de um povo ao longo de sua história. A cultura não oficial, desenvolvida especialmente de modo oral, não permanece estagnada. Está em constante transformação, incorporando criações anônimas das gerações que vão se sucedendo. Por ser um elemento folclórico, a brincadeira infantil assume características de anonimato, tradição, oralidade, mudança e universalidade.

Segundo Kishimoto (2008), falar na utilização dos jogos faz tanto sentido quanto querer revivê-los: eles constituem atividades de crescimento no sentido real. Os jogos contêm também objetivos educacionais, métodos e significados e, apresentados sob a forma de antologias, representam um instrumento prático para ser aplicado no trabalho direto dos educadores com as crianças.

Vygotsky (1989) explica que por meio do mundo da fantasia e do brinquedo as crianças realizam suas vontades. Com o faz de conta, elas se relacionam com o outro, mostrando seus desejos ocultos. Para Silva, Gonçalves e Araújo (2009), os jogos e as brincadeiras tradicionais integram o processo de crescimento da criança quando as estimulam a experimentar ações motoras, a relacionar-se com outras crianças e a praticar o pensar a cada fase. Além disso, as brincadeiras transmitem conhecimento sobre a estrutura e as relações sociais da cultura nas quais se originam. O educador/recreador deve possibilitar às crianças momentos de ações práticas para que elas possam viver e reviver atividades tradicionais como forma de resgatar sua própria história.

Formas de transmissão de jogos e de escolha de participantes

Segundo Silva e Gonçalves (2012), há três formas de transmissão do jogo tradicional: vertical (de pai para filho); horizontal (de adulto para adulto e de criança para criança) e oblíqua (quando acontece entre não parentes de gerações diferentes).

É importante ressaltar que as formas de escolha são as etapas iniciais de jogos ou brincadeiras de crianças. Com o objetivo de evitar desentendimentos, descontentamentos e, às vezes, divergências, utilizam-se fórmulas pacíficas para se decidir quem vai liderar, comandar ou participar de determinado brinquedo ou jogo.

Há várias maneiras de se fazer essas escolhas, mas as mais conhecidas são aquelas em forma de versos dialogados ou sortes – muitas vezes cantados, utilizados para decidir quem vai participar ou liderar os jogos/brincadeiras. Como exemplos, estão as parlendas, os trava--línguas e as adivinhas.

Sugestões de atividades: parlendas, trava-línguas, adivinhas, adoletá, amarelinha, bambolê de guerra, bate figurinha (jogo de bafo), cama de gato (jogo do barbante), carrinho de mão, morto-vivo, passa anel, pular corda, sombra

Parlendas

As parlendas são versinhos com temática infantil recitados. Possuem rima fácil e, por isso, são populares entre as crianças. Costumam ser usadas em jogos para melhorar o relacionamento entre os participantes ou apenas por diversão. Elas fazem parte do folclore brasileiro, pois representam uma importante tradição cultural de nosso povo. Exemplos:

Um, dois, feijão com arroz.
Três, quatro, feijão no prato.
Cinco, seis, chegou minha vez.
Sete, oito, comer biscoito.
Nove, dez, comer pastéis.
– x –
Chuva e sol,
Casamento de espanhol.
Sol e chuva,
Casamento de viúva.
– x –
A galinha do vizinho
Bota ovo amarelinho.

Bota um,
Bota dois,
Bota três,
Bota quatro,
Bota cinco,
Bota seis...

Trava-línguas

Os trava-línguas são frases folclóricas inventadas pelo povo com objetivo lúdico (brincadeira). Apresentam-se como um desafio de pronúncia, ou seja, uma pessoa passa uma frase difícil para outra pessoa falar. O nível de dificuldade das frases vai se tornando maior à medida que as sílabas vão ficando mais parecidas (exigem movimentos repetidos da língua) e sendo faladas rapidamente. Os trava-línguas fazem parte do folclore nacional, porém estão mais presentes no interior do Brasil. Devem ser falados rapidamente, sem pausas:

Pedro tem o peito preto. O peito de Pedro é preto. Quem disser que o peito de Pedro é preto tem o peito mais preto que o peito de Pedro.

— x —

Um ninho de mafagafos com cinco mafagafinhos. Quem desmafagafizar os mafagafos bom desmafagafizador será.

— x —

O princípio principal do príncipe principiava principalmente no princípio principesco da princesa.

— x —

Três pratos de trigo para três tigres tristes.

Adivinhas

Também conhecidas como adivinhações ou "o que é, o que é?", são perguntas em formato de charadas desafiadoras que divertem e fazem as pessoas pensarem. Integrantes da cultura popular e do folclore brasileiro, são muito comuns entre as crianças, mas também fazem sucesso entre os adultos:

– O que é, o que é, sempre se quebra quando se fala?
R.: O segredo.

– O que é, o que é, passa a vida na janela e, mesmo dentro de casa, está fora dela?
R.: O botão.

– O que é, o que é, é feito para andar e não anda?
R.: A rua.

– O que é, o que é, dá muitas voltas e não sai do lugar?
R.: O relógio.

– O que é, o que é, é um pássaro brasileiro e seu nome de trás para frente é igual?
R.: Arara.

Além dessas, há muitas outras brincadeiras e jogos para se ensinar/aprender brincando:

Adoletá

Nesse jogo, as crianças sentam-se em círculo e intercalam as palmas das mãos viradas para cima, de modo que a mão direita de uma bata sobre a palma da mão direita do colega à esquerda. Assim que for tocada, a criança deverá bater na palma da criança seguinte e assim por diante. As palmas seguem a silabação da música:

A-do-le-tá
Le peti
Tole tolá
Le café
Com chocolá
A-do-le-tá
Puxa o rabo do tatu
Quem saiu foi tu!

Quando a cantiga terminar, quem recebeu o tapa na mão por último será eliminado, e o jogo recomeça, até restar somente um. O participante que está na berlinda também pode tentar retirar a mão e, assim, se salva.

Amarelinha

Essa brincadeira consiste em um caminho dividido em casas numeradas, riscadas no chão com giz. Após jogar uma pedrinha em uma casa, a criança vai pulando com um pé só nas casas individuais e com os dois pés nas casa duplas, evitando a que contém a pedrinha, até o fim do trajeto. Ao chegar, deve retornar, apanhar a pedrinha e recomeçar, dessa vez, atirando a pedra numa outra casa e depois nas seguintes, até passar por todas. O participante que errar o alvo ou perder o equilíbrio passa a vez para outro.

Bambolê de guerra

Nessa brincadeira, joga uma dupla de cada equipe. As duplas entrarão em um bambolê e ficarão de costas umas para as outras, pois correrão de frente. São feitos dois riscos, cada um a exatos dois metros de cada lado do bambolê. O objetivo é correr e fazer força para ultrapassar a linha, o que será difícil, pois a outra dupla vai fazer o mesmo. Vence a dupla que conseguir ultrapassar o risco.

Bate figurinha (jogo de bafo)

Nesse jogo, dois ou mais jogadores formam um círculo onde todos ficam sentados ao redor das figurinhas que estão sendo disputadas. Cada jogador põe, no centro, uma quantidade de figurinhas combinada entre os participantes. O monte de figurinhas é agrupado e é sorteada a ordem de ação dos participantes. Em seguida, um jogador por vez arruma o monte, colocando todas as figurinhas viradas de frente, e bate com a mão sobre o monte. As figurinhas que virarem do avesso são recolhidas pelo participante que acabou de bater. O próximo participante arruma as figurinhas restantes e bate no monte, retirando aquelas que conseguiu virar. O processo continua, até que todas as figurinhas em jogo sejam retiradas do monte, ou seja, viradas ao avesso.

Cama de gato (jogo do barbante)

Nesse jogo, são construídas formas com barbantes presos às mãos dos participantes. O objetivo da brincadeira é conseguir passar o barbante na mão de outra pessoa, mudando o formato, mas sempre recuperando a forma de "X".

Carrinho de mão

Nessa brincadeira, traçam-se duas linhas paralelas a uma distância de cinco metros uma da outra: a linha de partida e a linha de chegada. Os jogadores formam duas fileiras, uma atrás da outra. A um primeiro sinal, aqueles que estiverem na fileira da frente apoiam as mãos no solo, estendendo ao mesmo tempo as pernas para trás. Quem estiver na retaguarda eleva as pernas dos companheiros, ficando entre elas e segurando-as à altura do joelho. A um segundo sinal, os jogadores correm em direção à linha de chegada. Aqueles que caírem durante a corrida serão desclassificados. Vence a dupla que alcançar primeiro a linha de chegada.

Morto-vivo

Nesse jogo, um dos participantes é escolhido como líder e ficará à frente do grupo. É ele quem vai dar as instruções que devem ser obedecidas pelos demais jogadores. Quando o líder disser: "Morto!", todos ficam agachados. Quando o líder disser: "Vivo!", todos ficam em pé. Quem não cumprir as ordens é eliminado, até sobrar somente um participante, que será o vencedor e o próximo líder. O grau de dificuldade da brincadeira varia de acordo com a velocidade em que os comandos são dados.

Passa anel

Nessa brincadeira, os participantes colocam-se em círculo e deixam as mãos postas. Um é responsável por passar o anel, e outro, por adivinhar com quem ele está. Se o adivinhador descobrir o dono do anel, será o próximo a passá-lo. Caso contrário, o próximo a passar será quem estiver com o anel.

Pular corda

Nessa brincadeira tradicional, dois participantes seguram, cada um, uma ponta da corda, batendo-a em círculo e de forma ritmada, enquanto o terceiro integrante pula assim que a corda tocar o chão. Para deixar o jogo mais divertido, tanto o ritmo das batidas quanto os pulos podem variar.

Sombra

Essa brincadeira é uma espécie de passeio sincronizado. Forma-se uma fila de pessoas, uma atrás da outra, e o mestre fica na ponta. Os participantes deverão repetir tudo o que o mestre fizer. Para deixar a brincadeira mais divertida, vale usar a imaginação na elaboração dos movimentos.

Leitura complementar: *Só brincando*, de Anita Wadley

Quando estiver montando blocos, construindo casas, prédios e cidades, não digam que estou só brincando, porque, brincando, estou aprendendo sobre o equilíbrio e as formas e, um dia, posso ser engenheiro ou arquiteto. Quando me virem fantasiando, fazendo comidinha, cuidando das bonecas, não pensem que estou só brincando, porque, brincando, estou aprendendo a cuidar de mim e dos outros e, um dia, posso ser mãe ou pai. Quando estiver coberto de tinta ou pintando, esculpindo ou moldando barro, não digam que estou só brincando, porque, brincando, estou aprendendo a expressar-me e a criar e, um dia, posso ser artista ou inventor. Quando estiver sentado lendo para uma plateia imaginária, não riam nem achem que estou só brincando, porque, brincando, estou aprendendo a comunicar e a interpretar e, um dia, posso ser professor ou ator. Quando estiver à procura de insetos no mato ou enchendo meus bolsos com bugigangas, não achem que estou só brincando, porque, brincando, estou aprendendo a prestar atenção e a explorar e, um dia, posso ser cientista. Quando estiver mergulhado em um puzzle *ou em um jogo da escola, não pensem que perco tempo brincando, porque, brincando, estou aprendendo a resolver problemas e, um dia, posso ser empresário. Quando estiver cozinhando, provando comida, não achem que estou só brincando, porque, brincando, estou aprendendo a seguir instruções e a descobrir as diferenças e, um dia, posso ser* chef. *Quando estiver pulando, saltando, correndo e movimentando-me, não digam que estou só brincando, porque, brincando, estou aprendendo como funciona meu corpo e, um dia, posso ser médico, enfermeiro ou atleta. Quando me perguntarem o que fiz na escola e eu disser que brinquei, não me entendam mal, porque, brincando, estou aprendendo a trabalhar com prazer e eficiência; estou preparando-me para o futuro. Hoje, sou criança e o meu trabalho é brincar.*

4. Jogos cooperativos: uma proposta educacional

> *É preciso descobrir nosso jeito de Ser e InterSer no mundo. Desse modo, todos são importantes e imprescindíveis. Não mais e nem menos, nem melhores ou piores, tampouco perdedores ou vencedores. Somos algo além dessas fragmentações e polarizações, somos "inteiros e não pela metade"!*
>
> (Brotto, 1997)

Atualmente, é preciso fazer um grande esforço para se manter a harmonia nas relações sociais, seja na escola, em casa ou no trabalho. Sem querer generalizar, é possível observar um agravamento nos problemas de relacionamento – as atitudes e os comportamentos humanos estão cada vez mais voltados à competição.

Em minha convivência com alunos de diversas faixas etárias, percebo que muitos pais pressionam seus filhos para que escolham uma profissão que lhes dê *status*. Quando fazem isso, os genitores tiram dos seus filhos o direito de serem eles mesmos, incutindo-lhes o pensamento de que precisam vencer na vida a qualquer custo, de que precisam tirar boas notas na escola etc. Dessa forma, esses pais estão valorizando apenas um caráter extremamente competitivo (no sentido negativo) em seus filhos, em vez de ensiná-los a ter respeito ao próximo.

A exigência referente ao sucesso escolar pode exercer uma influência negativa nas questões das condutas agressivas entre os alunos, pois, quando não conseguem atingir suas metas, muitos deles se tornam hostis para com os colegas e para com o ambiente escolar. Muitas vezes, em consequência dessa inconformidade, surgem os casos de *bullying*.

Segundo Ramirez (2001), *bullying* é a conduta agressiva manifestada entre alunos. Constitui-se um comportamento agressivo, que pode durar semanas ou anos. Define-se como a violência, quer física ou mental, desenrolada no meio escolar de um indivíduo ou grupo, direcionada para alguém que não consegue se defender.

É fundamental que os pais ofereçam o apoio necessário aos filhos, estando abertos ao diálogo e orientando-os sobre a melhor forma de agir contra as agressões. Também é importante que comuniquem à instituição escolar se houver suspeita de *bullying*, para que as devidas providências sejam tomadas.

Por sua vez, é fundamental que as escolas invistam em prevenção e estimulem a discussão aberta com todos os atores da cena escolar, incluindo pais e alunos. Em relação aos educadores, é essencial que incentivem a solidariedade, a generosidade e o respeito às diferenças entre os alunos por meio de conversas, de trabalhos didáticos e até de campanhas de incentivo à paz e à tolerância.

Como atividades a serem desenvolvidas em sala de aula, proponho a adoção de jogos cooperativos, cujo principal objetivo é a participação de todos em prol de uma meta em comum, sem nenhum tipo de agressão física, e cada um no próprio ritmo.

Segundo Brotto (1997), atividades em conjunto transformam o desejo de competição em possibilidades cooperativas para a prática da boa convivência.

Por sua vez, Kishimoto (2005) explica que todo jogo permite a superposição de uma situação lúdica, ou seja, quando alguém joga, está executando as regras propostas e, ao mesmo tempo, desenvolvendo uma atividade lúdica.

Com isso, considerando-se o jogo como sua forma de expressão, a criança é mais do que um ser em desenvolvimento e com características próprias. É vista como um ser que imita e brinca, dotada de espontaneidade e liberdade.

Aspectos funcionais das regras

Segundo Piaget (1994), há várias proposições a respeito de regras. Quando se pratica qualquer ação usando regras, podem-se distinguir quatro estágios:

a) *Primeiro estágio*, puramente motor e individual (até 3 anos): ocorre quando a criança manipula objetos em função dos próprios desejos e de seus hábitos motores. Estabelece, assim, esquemas ritualizados, mas permanece no jogo individual. Ainda não faz uso de regras propriamente coletivas.

b) *Segundo estágio*, ou egocêntrico (dos 4 aos 6 anos): tem início no momento em que a criança recebe do meio externo o exemplo de regras codificadas. Mesmo imitando esses exemplos, ela joga sozinha, sem se preocupar em encontrar parceiros.

c) *Terceiro estágio*, ou estágio da cooperação nascente (entre 7 e 10 anos): nessa fase, cada criança procura vencer seus "adversários". Surge a necessidade de controle mútuo e da unificação das regras. Se os participantes chegarem a se entender durante uma única e mesma partida, ainda assim reinará uma variação considerável referente às regras gerais do jogo.

d) *Quarto estágio*, ou estágio da codificação das regras (a partir dos 11 anos): nessa fase, as partidas são regulamentadas com detalhes, dos menores procedimentos até o código das regras – conhecido por toda a sociedade. As crianças dão informações de notável concordância quando perguntadas sobre as regras do jogo e suas possíveis variações.

Chegamos ao ponto em que a regra interage no interior das pessoas de forma mais complexa. Piaget (1994) apresenta tal teoria minuciosamente, dizendo que a regra coletiva é, inicialmente, algo exterior ao indivíduo (sendo por essa razão vista como sagrada).

Sobre o desenvolvimento cognitivo infantil, Piaget explica que, durante o terceiro estágio, a criança começa a formar uma "moral provisória", transferindo para mais tarde o cuidado de construir um código e uma jurisprudência.

Já a aquisição e a prática das regras dos jogos obedecem a leis muito simples (e muito naturais), sendo definidas em: simples práticas regulares individuais; imitação dos maiores com egocentrismo; cooperação; interesse pela regra em si mesma.

Sob certos aspectos, a regra de cooperação deriva-se da regra coercitiva e da regra motora (a coerção existe desde os primeiros dias de vida). A cooperação leva a criança à prática da reciprocidade, portanto, da universalidade moral e da generosidade em suas relações com os companheiros.

A competição e sua relação com as regras

Ferreira (2009) entende o termo competição como "ato ou efeito de competir. Busca simultânea, por dois ou mais indivíduos, de uma vantagem, uma vitória, um prêmio etc. Luta, desafio, disputa, rivalidade".

Sobre o mundo altamente competitivo visto em nossos dias, a competição pode tanto aumentar a capacidade de as pessoas fazerem o mal quanto fazerem o bem. Vale citar que o problema educativo reside justamente no momento em que a primeira capacidade supera a segunda.

O lado positivo é representado pelo espírito de equipe, de progresso, superação, lealdade, generosidade e o respeito para com o adversário.

O lado negativo é a busca da vitória a qualquer preço, a violência, o *doping* e a fraude (citados como consequência das recompensas externas e do gosto crescente pela vitória).

Quando se quer modificar o andamento de um jogo (sua direção, regulação e modelagem), alteram-se as regras – e ainda assim (se trabalhando com regras alteradas) as regras oficiais também precisam ser conhecidas pelos alunos. Para se gerar mudanças, as regras oficiais devem ter sido apresentadas e experimentadas (as regras mais respeitadas são justamente as que são reelaboradas e definidas pelos próprios participantes).

A cooperação e suas soluções

Os jogos cooperativos são dinâmicas de grupo, cujos objetivos são despertar a consciência de cooperação e promover efetivamente a integração entre as pessoas. Nessas atividades, os participantes aprendem a considerar aquele(s) com quem jogam como um parceiro, e não como adversário.

Ferreira (2009) lembra que cooperar é "operar ou obrar simultaneamente. Trabalhar em comum. Cooperar para o bem público. Ajudar, auxiliar. Colaborar".

Já Brotto (2001, p. 27) considera a cooperação "um processo onde os objetivos são comuns, as ações são compartilhadas e os resultados são benéficos para todos". Segundo o autor, algumas das principais particularidades dos jogos cooperativos consistem no fato de que podem assumir uma atitude competitiva ou uma postura cooperativa, não havendo garantias para a cooperação ou para a competição, vistas como formas isoladas.

Para Deacove (2002, p. 1), os jogos cooperativos possuem uma estrutura alternativa em que os participantes "jogam uns com os outros, em vez de uns contra os outros".

Em um mundo onde muitas pessoas permanecem preocupadas em apenas proteger seus direitos, imaginando que somente vence aquele que retém a informação, enaltecemos a atitude cooperativa com louvor.

Sugestões de atividades: autógrafos, caixa de segredos, carrossel, ilha deserta

As atividades que privilegiam os aspectos cooperativos são importantes porque contribuem para o desenvolvimento do sentido de se pertencer a um grupo, consequentemente, na formação de pessoas conscientes de sua responsabilidade social. Ao trabalharem o respeito, a fraternidade e a solidariedade de forma lúdica e altamente compensatória, as atividades cooperativas levam seus participantes a perceberem a interdependência entre todas as criaturas. Nelas, ninguém perde, ninguém é isolado nem rejeitado porque falhou. Quando há cooperação, todos ganham, com base em um sistema de ajuda mútua.

Autógrafos

Nessa atividade, cada aluno recebe uma folha de papel. Ao sinal de comando do educador, ele deve conseguir o maior número de autógrafos dos colegas, no tempo de um minuto. Não vale autógrafo repetido. Após esse minuto, o educador solicita que os educandos identifiquem os fatores que dificultam a realização do objetivo do jogo (conseguir os autógrafos dos colegas). Depois, inicia o segundo tempo, dando mais um minuto para que os alunos coletem os autógrafos, mas, antes de iniciar o segundo tempo, solicita que todos parem para pensar juntos. No final, o educador questiona os alunos sobre os fatores que facilitam o jogo. A comparação dos fatores vai mostrar que o grupo iniciou a tarefa em conflito e, depois, utilizando a cooperação, conseguiu realizar a tarefa.

Caixa de segredos

Nesse exercício, o educador coloca um cartaz na frente de uma caixa fechada com a seguinte pergunta: "Você acha certo duas pessoas da mesma seção namorarem? (*ou qualquer outra pergunta dentro do assunto que deseja que seja desenvolvido*) Dê sua opinião sobre isso ou faça uma pergunta". Após todos escreverem, a caixa é aberta, e todos discutem os comentários e as perguntas feitas.

Carrossel

Para esse jogo, sugerem-se quatro ou mais participantes. Os jogadores formam um círculo, alternando-se entre um em pé e um deitado. Os que estão deitados unem os pés no centro do círculo, pegam as mãos dos que estão em pé e esticam-se, levantando as costas cerca de trinta centímetros do chão. O carrossel começa então a dar voltas em uma só direção. Os jogadores suspensos devem manter os corpos rígidos, sendo arrastados pelos companheiros que giram sempre na mesma direção. Ao princípio, o carrossel movimenta-se lentamente, ganhando velocidade progressivamente. Ao fim de algum tempo, invertem-se os papéis. O jogo pode realizar-se com grupos de mais participantes, podendo-se introduzir novas regras.

Ilha deserta

Nessa atividade, os participantes sobem sobre cadeiras ou bancos, que representam ilhas desertas no meio do oceano, dispostos em círculo. Os jogadores são informados que, a partir de determinado ponto da roda, devem se movimentar e se reacomodar de acordo com a ordem alfabética. No entanto, há uma regra no deslocamento entre as ilhas: o "oceano" está repleto de tubarões e de outros animais marinhos perigosos, por isso ninguém deve tocar no chão.

Leitura complementar: *Poema pedagógico,* de Anton Makarenko

A seguir, apresento alguns trechos de *Poema Pedagógico*, do pedagogo ucraniano Anton Makarenko. Escrito entre 1925 e 1935, o conteúdo do livro foi inspirado no diário pessoal do autor quando foi diretor da Colônia Gorki, um reformatório ucraniano, entre 1920 e 1928.

Com uma linguagem fluente e direta, a obra (caracterizada por uma linguagem bem atual no modo como aborda os problemas referentes ao aprendizado) não só firmou o nome de Makarenko como um dos grandes educadores do século XX, como também realizou a proeza de ser, ao mesmo tempo, clássica e revolucionária.

O mais desagradável dos diálogos é aquele em que o interlocutor que tem o poder para decidir joga com a teoria, acreditando que a teoria determina a realidade.

Nas ruas, a vida desses pequenos cidadãos transcorre naturalmente, e os problemas de sobrevivência são solucionados sem que se recorra à moral e aos princípios tanto prezados pela nossa sociedade, pois não possuem nem tempo, nem costume, nem escrivaninha para ocuparem-se destas coisas. [...]

[...] A vontade dessas crianças há muito fora esmagada pela violência e pelos safanões dos mais velhos. Ao mesmo tempo essas crianças não são nada idiotas; de fato são crianças comuns, colocadas pelo destino numa situação incrivelmente absurda: por um lado, elas estão privadas de todos os benefícios do desenvolvimento humano e, por outro, são excluídas das soluções salvadoras pela simples razão da sua luta pela sobrevivência.

5. Cantigas de roda e brincadeiras cantadas: uma perspectiva educacional

Se fosse ensinar a uma criança a beleza da música,
não começaria com partituras, notas e pautas.
Ouviríamos juntos as melodias mais gostosas
e lhe contaria sobre os instrumentos que fazem a música.
Aí, encantada com a beleza da música,
ela mesma me pediria que lhe ensinasse
o mistério daquelas bolinhas pretas
escritas sobre cinco linhas.
Porque as bolinhas pretas e as cinco linhas
são apenas ferramentas para a produção da beleza musical.
A experiência da beleza tem de vir antes.

(Alves, 2004)

Uma das primeiras coisas que me chamaram a atenção quando cursei Educação Física foram as aulas de psicomotricidade. Não que as demais disciplinas não tivessem sua importância, mas considero que o método utilizado pelo professor da referida matéria tornava as aulas mais atrativas e motivadoras. Ele utilizava a música para prender a atenção da turma e, com isso, conseguia transformar as aulas em momentos de puro encantamento.

Por isso, quando me tornei professor, eu também decidi adotar a música em minhas aulas. Posteriormente, passei a empregar essa ferramenta em minhas palestras pelo Brasil afora.

A música é um excelente recurso de trabalho escolar porque, além de ser utilizada como terapia psíquica para o desenvolvimento cognitivo, faz parte da comunicação social e é uma ótima forma de se transmitir ideias e informações. Atualmente, muitos educadores também usam essa ferramenta em suas atividades intraclasse e extraclasse. Por exemplo, a música nas cantigas de roda e em brincadeiras cantadas estimula aspectos cognitivos, motores e sociais das crianças.

Segundo os Parâmetros Curriculares Nacionais (Brasil, 1998, p. 45):

> *A música é a linguagem que se traduz em formas sonoras capazes de expressar e comunicar sensações, sentimentos e pensamentos por meio da organização e relacionamento expressivo entre o som e o silêncio. A música está presente em todas as culturas nas mais diversas situações: festas e comemorações, rituais religiosos, manifestações cívicas, políticas etc. Faz parte da educação desde há muito tempo, sendo que, já na Grécia antiga, era considerada como fundamental para a formação dos futuros cidadãos ao lado da matemática e da filosofia.*

Na sala de aula, o educador pode utilizar melodias para apresentar diferentes instrumentos musicais e o som das vozes de timbres diferentes, além de trabalhar questões relacionadas ao tempo e à velocidade do ritmo (se é curto, longo, rápido etc.). Os alunos também aprendem a ouvir e a expressar seus sentimentos, como amor, tristeza, alegria, entre outros.

Com base em pesquisas de diversos estudiosos, é inegável que as atividades musicais trabalhadas em sala de aula são essenciais ao desenvolvimento infantil e à preservação de nossa cultura. O educador que compreender isso possuirá uma linguagem diferenciada, permitindo-se vivenciar diversas experiências que, com certeza, contribuirão para o sucesso do processo ensino-aprendizagem na Educação Infantil.

Sugestões de atividades: cantigas de ninar (acalantos), cantigas de roda

Cantigas de ninar (acalantos)

As cantigas de ninar – também conhecidas como acalantos, cantigas para embalar, cantigas de berço, cantigas ou canções de ninar (nanar), cantigas de adormecer, cantigas de Macuru (indígena) – são pequenas canções entoadas pelas mães ou por amas para fazer os bebês adormecerem. É importante ressaltar que a criança adormece embalada pelo ritmo da canção, independentemente da letra, cujo conteúdo muitas vezes desconhece. Exemplos:

Boi da cara preta

Boi, boi, boi,
Boi da cara preta,
Pega esta criança
Que tem medo de careta.

Desce, gatinho

Desce, gatinho,
De cima do telhado
Pra ver se este menino
Dorme um sono sossegado.

Cantigas de roda

As cantigas de roda são um tipo de canção infantil popular relacionada às brincadeiras de roda. No Brasil, fazem parte do folclore, incorporando elementos das culturas africana, europeia (principalmente portuguesa e espanhola) e indígena. Nessa brincadeira infantil, as crianças formam uma roda de mãos dadas e cantam músicas com características próprias, como melodia e ritmo equivalentes à cultura local, letras de fácil compreensão, temas referentes à realidade da criança ou ao seu universo imaginário, geralmente com coreografias. Alguns exemplos:

Marcha, soldado

Marcha, soldado,
Cabeça de papel.
Quem não marchar direito
Vai preso pro quartel.

O quartel pegou fogo,
São Francisco deu o sinal.
Acode, acode, acode,
A Bandeira Nacional.

Meu limão, meu limoeiro

Meu limão, meu limoeiro,
Meu pé de jacarandá,
Uma vez, tindolelê
Outra vez, tindolalá.

Minha vida é muito triste
Se a morena não vier.
Moreninha, meu encanto,
Beleza feito mulher.

Se essa rua fosse minha

Se essa rua, se essa rua fosse minha,
Eu mandava, eu mandava ladrilhar
Com pedrinhas, com pedrinhas de brilhante
Para o meu, para o meu amor passar.

Nessa rua, nessa rua tem um bosque,
Que se chama, que se chama Solidão.
Dentro dele, dentro dele mora um anjo,
Que roubou, que roubou meu coração.

Se eu roubei, se eu roubei teu coração,
Tu roubaste, tu roubaste o meu também.
Se eu roubei, se eu roubei teu coração,
É porque, é porque te quero bem.

O pastorzinho

Havia um pastorzinho
que andava a pastorear.
Saiu de sua casa
E pôs-se a cantar:

Dó, ré, mi, fá, fá, fá,
Dó, ré, do, ré, ré, ré,
Do, sol, fá, mi, mi, mi,
Do, ré, mi, fá, fá, fá.

Chegando ao palácio,
A rainha lhe falou:
"Oh, lindo pastorzinho,
O seu canto me alegrou!"

Dó, ré, mi, fá, fá, fá,
Dó, ré, do, ré, ré, ré,
Do, sol, fá, mi, mi, mi,
Do, ré, mi, fá, fá, fá.

Leitura complementar: cantigas de roda

Também conhecidas como cirandas ou brincadeiras de roda, as cantigas de roda são brincadeiras infantis em que as crianças, de mãos dadas, formam um círculo e cantam melodias folclóricas. As coreografias variam de acordo com a música e a letra, que é geralmente cheia de rimas, repetições e trocadilhos e modificada de acordo com o grupo de pessoas que as canta.

No Brasil, as cantigas de roda fazem parte do folclore nacional, incorporando elementos das culturas africana, europeia (principalmente portuguesa e espanhola) e indígena. São extremamente importantes para a cultura de um país. Por meio delas, é possível conhecer os costumes, as festas típicas, as comidas, as brincadeiras e as crenças de um povo, entre outros exemplos. Vale citar que, nos dias de hoje, essa prática não está tão presente na realidade infantil como antigamente, especialmente por causa dos brinquedos mais modernos e da tecnologia mais avançada, que prendem a atenção das crianças.

6. A criatividade como instrumento de uma prática pedagógica

> *Inovadores e criadores são pessoas que conseguem aceitar a condição de isolamento em um grau mais alto do que a média. Eles estão mais dispostos a seguir sua própria visão, mesmo quando isso os leva longe do continente da comunidade humana. Lugares inexplorados não os amedrontam – ou não tanto quanto amedrontam aqueles a seu redor. Este é um dos segredos do seu poder. Aquilo que chamamos de 'genialidade' tem muito a ver com a coragem e ousadia, muito a ver com audácia.*
>
> (Branden, 1998)

Se o fato de ser criativo é algo tão importante nos dias de hoje, por que pouco se discute esse assunto nas escolas ou mesmo na formação dos educadores? Pode-se aprender a ser criativo ou isso é um dom? Como é possível criar um ambiente mais criativo nas instituições de ensino? Por que muitos educadores inibem o poder criativo dos educandos em vez de estimulá-lo?

Não é de hoje que a humanidade busca respostas a esses questionamentos. Alguns pesquisadores tentam definir a criatividade com base em diferentes teorias. Segundo Wechsler (1998), uma das mais antigas concepções sobre a criatividade é o estudo filosófico que afirmava que a criatividade era um processo desencadeado por inspiração divina: "[...] essa noção vem do pouco conhecimento sobre o pensamento humano e, assim sendo, tudo que não era explicável era atribuído aos deuses". Hoje em dia, graças a inúmeras pesquisas, sabe-se que a criatividade precisa não apenas de iluminação e de inspiração, mas necessita também de atitudes criativas.

Para Vygotsky (2009), a atividade criadora faz do homem um ser que se volta para o futuro, erigindo-o e modificando seu presente. Segundo esse psicólogo e educador, a criação é a condição necessária da existência, e tudo que ultrapassa os limites da rotina deve sua origem ao processo de criação do homem. Para ele, a obra de arte reúne emoções contraditórias, provoca um sentimento estético, tornando-se uma técnica social do sentimento.

De acordo com estudiosos, o potencial criativo dos seres humanos inicia-se na infância. Quando têm suas iniciativas criativas elogiadas e incentivadas pelos pais, as crianças tendem a ser adultos ousados, propensos a agir de forma inovadora. Por sua vez, no ambiente escolar, é importante que os educadores desenvolvam estratégias e ações para o desenvolvimento da criatividade dos educandos desde a mais tenra idade, levando-se em conta os fatores internos e externos de cada aluno. Sobre isso, vale citar Predebon (1998):

> *Uma forma de privilegiar as características de personalidade favoráveis à criatividade é procurar dar espaço maior a elas, encontrando e criando circunstâncias favoráveis para seu exercício. Por exemplo, se detectarmos em nós uma ousadia acima da média, devemos preferir atividades nas quais ela não precise ser reprimida, mas possa ser usada...*

Em resumo, acredita-se que a criatividade é a capacidade de ir além do óbvio, de surpreender com ideias diferentes e diversificadas, usando a imaginação. Refere-se não só ao pensamento criativo, mas também a como colocá-lo em prática por meio da ação. Todos são capazes de ser ou de se tornar criativos. A criatividade não é um dom, mas sim uma capacidade inata, que só é diferenciada em termos de grau. Daí a importância da escola em fazê-la integrante da prática pedagógica por tratar-se de algo que pode ser desenvolvido.

Sugestões de atividades: técnicas para romper bloqueios mentais

Ser criativo significa também romper ideias preconcebidas. A seguir, algumas técnicas, baseadas no livro *Um "TOC" na cuca: técnicas para quem quer ter mais criatividade na vida*, de Roger Von Oech, que podem ajudar os professores a estimular a criatividade dos alunos na sala de aula:

- *"Dê a resposta certa"*: quando se ensina alguém a procurar uma única resposta certa, entre várias, essa pessoa vai parar de procurar alternativas depois de encontrar a primeira. Uma resposta inovadora pode nem sempre ser a primeira e única alternativa. Estimular os alunos a encontrar várias respostas para um questionamento é uma boa opção para fomentar a criatividade na turma.

- *"Isso não tem lógica"*: ainda que a lógica seja um instrumento importante no processo de criação, o excesso de raciocínio lógico pode interferir quando se está à procura de ideias. Deixe a imaginação fazer a parte dela.

- *"Siga as normas"*: ser receptivo a mudanças e flexível diante das normas é uma decisão que pode abrir vários caminhos à criatividade. Às vezes, é preciso quebrar um padrão para se descobrir outro.

- *"Seja prático"*: o mundo é feito por gente prática, mas que também sabe como entrar em estado germinativo, ouvir sua imaginação e construir a partir das ideias encontradas.

- *"Evite ambiguidades"*: é importante evitar ambiguidades na linguagem para que não ocorram mal-entendidos nas ações cotidianas;

porém, sempre existe o perigo de a imaginação ser sufocada pelo excesso de especificidade. Sempre haverá lugar para a ambiguidade quando se estiver procurando por ideias.

▶ *"É proibido errar"*: nem sempre o erro significa derrota ou fracasso. No processo de criação, por exemplo, erros podem ser um sinal de que estamos abandonando o lugar-comum e nossa zona de conforto.

▶ *"Brincar é falta de seriedade"*: divertir é tornar a mente fértil em pensamentos. Quanto mais brincadeiras, melhor.

▶ *"Isso não é da minha área"*: tendência no mundo contemporâneo, a especialização nas atividades profissionais é um fato que precisa ser aceito. Mas é preciso ter cuidado. No processo de criação, a busca incessante pela especialização pode limitar a imaginação e impedir a busca de boas ideias em outras áreas de atuação que podem, tranquilamente, ser adaptadas em sala de aula.

▶ *"Não seja bobo"*: deixar a arrogância e a pretensão de lado é a melhor decisão para se abrir a mente. Quem acha que as próprias ideias são maravilhosas e inquestionáveis não chega a lugar algum.

▶ *"Eu não sou criativo"*: tudo o que pensamos pode se tornar realidade. Acreditar na própria criatividade é fundamental em qualquer processo de criação.

Parafraseando Roger Von Oech, dê um "TOC" em si mesmo e tente construir algo novo a partir das suas próprias descobertas, principalmente a partir das pequenas ou das mais simples ideias.

Leitura complementar: *O Mito da Caverna,* de Platão

Os fatos da vida podem não ser, exatamente, do jeito como estamos acostumados a imaginá-los. E nada como uma linguagem mítica ou alegórica para explicar isso de forma que renda boas reflexões numa sala de aula. *O Mito da Caverna* (ou *Alegoria da Caverna*), metáfora sobre o homem preso a crendices e superstições, foi escrito pelo filósofo Platão e narra um suposto diálogo entre o filósofo Sócrates e os irmãos Glauco e Adimanto sobre homens presos em uma caverna. A seguir, uma síntese desse que se tornou um dos textos filosóficos mais conhecidos do mundo:

Prisioneiros, alguns homens vivem a vida inteira acorrentados dentro de uma caverna. Obrigados a ficar de costas para a abertura da caverna, tudo que conhecem na vida são as sombras projetadas no fundo da parede – sombras de outros homens, surgidas de uma fogueira mantida acesa no lado de fora.

Um dia, um dos acorrentados consegue se libertar e resolve sair. No início, fica quase cego por causa do sol; com o tempo, porém, vai se acostumando com a claridade e acaba por descobrir um mundo cheio de possibilidades. Radiante, volta à caverna para compartilhar sua descoberta com os companheiros de toda a vida. Porém, eles não só não acreditam no homem, como se revoltam contra ele e o matam, pois o tomam por louco e mentiroso.

Esse mito é emblemático porque provoca um interessante questionamento sobre falsas crenças e ideias preconcebidas e isto ajuda na formação do senso crítico do aluno.

7. O teatro e os jogos teatrais contribuindo com o educador

A vida é uma peça de teatro que não permite ensaios. Por isso, cante, chore, dance, ria e viva intensamente, antes que a cortina se feche e a peça termine sem aplausos.

(Charlie Chaplin)

Ao abordar a arte teatral na escola, não quero mudar o plano de ensino ou a grade curricular escolar. Minha intenção é mostrar uma ferramenta a mais de trabalho, possibilitando que o educador aja na formação da personalidade dos alunos.

O ensino de Arte é fundamental para o desenvolvimento da criança, pois significa conhecimento e envolve o pensamento, o sentimento estético e a formação intelectual do aluno.

No Brasil, o ensino de Arte faz referência às modalidades artísticas ligadas a imagens, sons, movimentos e cenas. Com a Lei de Diretrizes e Bases da Educação Nacional (Lei nº 9.394/96, art. 26, § 2º), a Arte passou a ser considerada obrigatória na Educação Básica: "O ensino da arte constituirá componente curricular obrigatório nos diversos níveis da educação básica, de forma a promover o desenvolvimento cultural dos alunos". De acordo com os Parâmetros Curriculares Nacionais (Brasil, 1997),

> a educação em Arte propicia o desenvolvimento do pensamento artístico e da percepção estética, que caracterizam um modo próprio de ordenar e dar sentido à experiência humana: o aluno desenvolve sua sensibilidade, percepção e imaginação, tanto ao realizar formas artísticas quanto na ação de apreciar e conhecer as formas produzidas por ele e pelos colegas, pela natureza e nas diferentes culturas.

Há muito tempo, educadores e pensadores tentam encontrar caminhos para colocar a Arte a serviço da educação, em especial com a utilização do teatro, que pode ser usado como importante ferramenta pedagógica.

É importante que os educadores estejam conscientes de que a arte teatral é uma importante ferramenta pedagógica. Vale lembrar que o teatro não é simplesmente a encenação de uma passagem da história do Brasil ou a representação de um enredo escolhido aleatoriamente pela turma. Essa arte exige conhecimento técnico e diálogo interdisciplinar. Como benefícios, desenvolve a oralidade, os gestos, a linguagem musical e, principalmente, a corporal.

Sugestões de atividades: aquecimento, relaxamento, marionetes, pantomima

Os exercícios seguintes foram inspirados nos livros: *Jogos Teatrais: exercícios para grupos e sala de aula* (Papirus, 1994) e *Teatro como instrumento de educação: um roteiro de trabalho para o professor* (São Paulo: Apeoesp/Cenp/Persona, 1986).

Exercícios de aquecimento

Entre seus benefícios, além de promover o aquecimento dos músculos do corpo, estimula a concentração dos alunos, uma vez que cada exercício trabalha com a postura, o olhar e a movimentação. Exemplos:

Os alunos movimentam o corpo da seguinte forma: em círculos (girando em quatro pontos) ou em triângulos (girando em três pontos). Esse exercício consiste em girar, nos sentidos horário e anti-horário (em quatro ou em três pontos), as partes do corpo (um pé, depois o outro; uma mão, depois a outra; os quadris; a cabeça etc.).

Os alunos caminham como se fossem modelos, dirigindo-se para determinado ponto. Ao atingi-lo, vão até outro ponto, e assim por diante.

Exercícios de relaxamento

Após o aquecimento, as técnicas de relaxamento corporal vão preparar os participantes para as etapas posteriores, contribuindo para um bom desempenho teatral. Uma boa técnica é espreguiçar a voz. Aqui, os participantes devem esticar os músculos do corpo e espreguiçar-se, expressando-se de forma sonora, sem tensionar o pescoço, retesando somente algumas partes do corpo. Vale espreguiçar-se nos sentidos vertical e horizontal.

Marionetes

Nesta atividade, feita em duplas, um dos participantes tem as mãos e os tornozelos amarrados com um elástico. Ele será a "marionete". O outro representará o condutor. Na ocasião, as "marionetes" executam quaisquer movimentos, conforme os comandos do marionetista.

Pantomima

Pantomima é um teatro gestual em que se faz o menor uso possível de palavras e o maior uso de gestos por meio da mímica. É a arte de narrar com o corpo. Essa técnica ajuda o público a compreender os pensamentos e as emoções do personagem sem expressão verbal. A personalidade do personagem também é definida fisicamente. Exemplos:

Pantomima solo de improviso

Nesta pantomima, o ator faz a mímica de uma atividade simples. Após assistir à encenação, a plateia passa a narrar os detalhes, adivinhando seu significado.

Dicas para desenvolvimento da cena: jogar em uma posição do futebol; passear com um cachorro; escrever uma carta, fechá-la e selá-la; trocar um pneu; escovar os dentes; preparar a mesa.

Pantomima solo com música

Nesta pantomima, além do tempo de preparação maior por causa da dificuldade dos exercícios, ocorre a associação com um tema musical. Dicas para desenvolvimento da cena: escolher um peso; segurar um peso grande somente com uma mão; deixar cair pesos nos pés; ganhar um prêmio; mostrar que você é "o máximo"; cair para trás.

Leitura complementar: *Aqueles que não podem ser domesticados*, de Célestin Freinet

Você já se perguntou por que é que a raposa capturada viva definha e morre na prisão, sejam quais forem os cuidados e a ciência aplicados para oferecer-lhe o alimento específico? Por que razão o pardal também não suporta o cativeiro, e que instinto mais forte do que a necessidade de viver impele algumas espécies a deixar-se morrer de fome em vez de se acomodar em cercados e grades? Você conclui filosoficamente: "Eles não vivem em jaulas... não podem ser domesticados!".

E você pensou que o mesmo sucedia com as crianças, pelo menos com aquelas – e a proporção é maior do que se julga – em que o adestramento ou o atavismo não conseguiram resignar à obediência e à passividade: ouvem sempre distraidamente as palavras que você pronuncia e com o olhar vago fitam, para além das grades... da janela, o mundo livre de que conservam para sempre a nostalgia. Você diz: "estão no mundo da lua...".

Estão na realidade, na realidade das suas vidas, e é você que passa de lado, com o seu vacilante toco de vela. Não fazem propriamente greve de fome, e teríamos ainda de nos certificar de que certas perturbações ou certas epidemias não são consequência de uma perda de vitalidade de um organismo que já não está no seu elemento. Porém, a greve de fome intelectual, espiritual e moral é patente, embora inconsciente. Essas crianças sentiam, fora da gaiola, uma curiosidade insaciável: dentro já não têm fome. Você acusa, em vão, a falta de vontade, a inteligência reduzida, uma distração congênita de que os psicólogos e psiquiatras estudam as causas e os remédios. Elas definham simplesmente como os animais capturados. Se nem sempre morrem – fisiológica e intelectualmente –, decerto não é por falta de medidas de vigilância e de coerção por parte dos carcereiros, mas porque a escola, até esse dia, não pôde trancar-lhes os domínios e porque os pardais, encerrados por alguns instantes, distraem-se de novo, logo que a sineta toca, na riqueza viva da grande experiência humana. Claro, há êxito dos que se "domesticaram". Será, porém, mais espetacular do que o êxito dos homens e mulheres que recusaram a prisão, mesmo dourada, e que na vida se revelaram lutadores em face dos elementos? Então devemos deixá-los na selva da ignorância e renunciar a essa cultura nascida da Escola e que se recusaram a aceitar? O dilema está mal colocado: entre o estado selvagem e o adestramento, existe, como intermediário, a criação de um clima, de uma atmosfera, normas de vida e de trabalho em comum, uma educação que exclui a mentira e o artifício e esse medo instintivo, essa insuportável obsessão dos animais selvagens e das crianças por verem fechar-se, por trás deles, as portas da luz e da liberdade.

(Freinet, 2004)

8. Um educador com uma boa autoestima faz a diferença

Não há razão para buscar o sofrimento,

mas, se ele surgir em sua vida, não tenha medo:

encare-o fixamente e com a cabeça erguida.

(Percy, 2011)

Na primeira vez em que assisti a uma palestra sobre autoestima, fiquei encantado. Parecia que a pessoa estava falando diretamente comigo. Refleti sobre o assunto durante dias, mas depois percebi que não tinha conseguido mudar nada em minha vida. Geralmente uma palestra motivacional causa-nos este efeito: ficamos animados no início, porém, logo o estímulo passa e voltamos a ter os mesmos hábitos. De alguma forma, essa experiência me fez refletir sobre o assunto: por que agimos assim?

Sabemos que a autoestima é fundamental para o desenvolvimento de qualquer indivíduo e que fatores internos e externos influenciam nesse processo. Reconheço que o tema não é simples, ainda assim gostaria de apresentar algumas possibilidades de abordagem que podem ajudar os educadores a lidar um pouco melhor com esse assunto e poder tratá-lo com seus alunos. Já que tudo o que está ao nosso redor pode influenciar positiva ou negativamente na autoestima, então, nada melhor se soubermos lidar com as variações de humor da turma.

Segundo a psicologia, autoestima inclui a avaliação subjetiva que uma pessoa faz de si mesma como intrinsecamente positiva ou negativa, em algum grau. Aprender sobre a autoestima não é tarefa simples, já que cada ser humano é único e criado em contextos e culturas diferentes. Segundo Branden (1999, p. 11) e Moyses (2001, p. 18):

> autoestima é a capacidade que uma pessoa tem de confiar em si própria, é a sensação de competência para lidar com os desafios básicos da vida e de ser merecidamente feliz. É acreditar na capacidade

própria de pensar, aprender, tomar decisões adequadas e reagir de maneira positiva às novas condições. Em outras palavras, significa o indivíduo confiar no seu direito ao sucesso e à realização pessoal – a convicção de que tem condições para ser feliz.

O conceito de autoestima é formado ainda na infância, fundamentado no tratamento destinado à criança; ou seja, se for sempre oprimida em relação a suas atitudes, terá baixa autoestima; no entanto, se for sempre apoiada em relação a suas atitudes, terá autoestima elevada. A base para uma boa autoestima é a disponibilidade da família, principalmente dos pais, em atender os filhos de forma que sejam valorizados, respeitados e incentivados no seu processo de crescimento.

No ambiente escolar, é fundamental que os educadores desenvolvam estratégias para incentivar a autoestima dos educandos. Educadores com autoconfiança, segurança e senso do próprio valor são importantes para o sucesso do educando.

Trabalhar com a autoestima no ambiente escolar é fazer educação, investindo na saúde emocional de alunos e professores. Os educadores que possuem autoestima elevada relacionam-se bem com os alunos, enquanto os que têm baixa autoestima geralmente não conseguem fazer o mesmo. Segundo Fachini (1997, p. 123),

Quando o professor tem uma autoestima saudável, ele avalia as realizações sem exagero, ou seja, realisticamente. Para ter boa autoestima, não basta apenas recitar todos os dias: "sou especial", pois a autoestima diz respeito ao que está aberto à nossa escolha volitiva. Educar é ganhar o coração do educando. Feito isto, a aprendizagem é uma consequência natural.

Para Chiavenato (2000),

> *A motivação é um dos fatores internos que influencia o comportamento das pessoas, ou seja, tudo aquilo que impulsiona a pessoa a agir de determinada forma. Esse impulso à ação pode ser provocado por um estímulo externo e pode também ser gerado internamente nos processos mentais do indivíduo. A motivação funciona como o resultado da interação entre indivíduos e a situação que o envolve. A conclusão é que o nível de motivação varia entre pessoas, e dentro de uma mesma pessoa através do tempo. Assim a motivação é o desejo de exercer altos níveis de esforço em direção a determinados objetivos organizacionais, condicionados pela capacidade de satisfazer algumas necessidades individuais.*

É importante ressaltar que a autoestima se resgata com amor, respeito, valorização, autonomia, disciplina e elogios sinceros. Acima de tudo, resgata-se a autoestima ao aprender-se a se dar valor. A autoestima só (res)surge a partir do momento em que o ser humano confia na própria capacidade de pensar, aprender e compreender.

Dicas para se elevar a autoestima

▶ Valorize-se.
▶ Não se importe com a opinião alheia.
▶ Seja otimista.
▶ Tenha mais confiança na própria capacidade.
▶ Defina metas a serem conquistadas.

- Faça amizades.
- Mantenha o equilíbrio entre suas atitudes e seus sentimentos.
- Procure dormir bem e alimentar-se corretamente.
- Faça alguma atividade que lhe dê prazer (por exemplo, dançar, ler, ouvir música, caminhar etc.).

Leitura complementar: *Quando amei de verdade...* (baseado em um texto de Charlie Chaplin)

... percebi que minha angústia é somente um sinal de que estou indo contra meus princípios. Isso é autenticidade!

... deixei de me influenciar pela opinião alheia e passei a valorizar mais a mim mesmo. Isso é amor-próprio!

... desisti de querer sempre ter razão e, com isso, passei a errar menos. Isso é humildade!

... parei de desejar que a minha vida fosse diferente e passei a considerar que tudo o que me acontece contribui para minha evolução. Isso é amadurecimento!

... desisti de ficar remoendo o passado e de me preocupar demasiadamente com o futuro. Agora permaneço focado no presente, que é quando a vida acontece. Isso é plenitude!

... notei que minha mente pode me atormentar e me decepcionar, mas, quando eu a coloco a serviço de meu coração, ela se torna uma grande aliada. Isso é saber viver!

Referências bibliográficas

BRANDEN, Nathaniel. *Autoestima e seus seis pilares.* Tradução de Vera Caputo. 4. ed. São Paulo: Saraiva, 1998. (Leitura).

_____. *Poder da autoestima.* São Paulo: Saraiva, 1999.

BRASIL. Lei de Diretrizes e Bases da Educação Nacional. Brasília, DF: Senado Federal, 1996.

_____. Parâmetros Curriculares Nacionais. Brasília, DF: Ministério da Educação e do Desporto/Secretaria de Educação Fundamental, 1998.

BROTTO, Fábio Otuzi. *Jogos cooperativos*: se o importante é competir, o fundamental é cooperar! Santos: Projeto Cooperação, 1997.

CANTIGA de roda. Disponível em: <http://pt.wikipedia.org/wiki/Cantiga_de_roda>. Acesso em: 25 jul. 2013.

CHIAVENATO, Idalberto. *Introdução à Teoria Geral da Administração.* 6. ed. Rio de Janeiro: Campus, 2000.

CRUZ, Dulce R. M. da. O lúdico na formação do educador. In: SANTOS, Santa Marli Pires dos (Org.). *O lúdico na formação do educador.* Petrópolis: Vozes, 1997.

DEACOVE, Jim. *Manual de jogos cooperativos.* 2. ed. Santos: Projeto Cooperação, 2002.

Referências bibliográficas

FACHINI, Ivo. *Neurônios dourados.* Blumenau: Eko, 1997.

FERREIRA, Aurélio Buarque de Holanda. *Novo Dicionário Aurélio da Língua Portuguesa.* 4. ed. São Paulo: Positivo, 2009.

FREINET, Célestin. *Pedagogia do bom senso.* Tradução de J. Baptista. 7. ed. São Paulo: Martins Fontes, 2004.

FREIRE, Paulo. *Pedagogia da indignação*: cartas pedagógicas e outros escritos. São Paulo: Editora Unesp, 2000.

_____. *Pedagogia do oprimido.* 17. ed. Rio de Janeiro: Paz e Terra, 1987.

FRIEDMANN, Adriana. *Brincar*: crescer e aprender – o resgate do jogo infantil. São Paulo: Moderna, 1996.

GUISELINI, Mauro Antônio. *Matroginástica*: ginástica para pais e filhos. São Paulo: CLR Balieiro, 1985.

HARRES, Jaqueline da S. *et al.* O lúdico e a prática pedagógica. In: SANTOS, Marli P. dos. *A ludicidade como ciência.* Petrópolis: Vozes, 2001.

HUIZINGA, Johan. *Homo ludens*: o jogo como elemento da cultura. 7. ed. São Paulo: Perspectiva, 2012.

KALOUSTIAN, Silvio Manoug (Org.). *Família brasileira*: a base de tudo. São Paulo: Cortez Editora; Brasília, DF: Unicef, 1988.

KISHIMOTO, Tizuko Morchida. Escolarização e brincadeira na educação infantil. In: SOUZA, Cynthia P. de (Org.). *História da educação*: processos, práticas e saberes. São Paulo: Escrituras, 1998.

_____. *Laboratório de brinquedos e jogos.* São Paulo: Universidade de São Paulo, 2008. Disponível em: <http://www.labrinjo.ufc.br/artigos%20e%20textos/artigo_005.pdf>. Acesso em: 21 set. 2008.

KISHIMOTO, Tizuko Morchida (Org.). *Jogo, brinquedo, brincadeira e a educação*. 14. ed. São Paulo: Cortez Editora, 2005.

MAKARENKO, Anton. *Poema pedagógico*. Tradução de Tatiana Belinky. Posfácio de Zoia Prestes. 3. ed. São Paulo: Editora 34, 2002. (Leste).

MOYSES, Lucia. *Autoestima se constrói passo a passo*. 3. ed. Campinas: Papirus, 2001.

NERUDA, Pablo. *Confesso que vivi*. 11. ed. Rio de Janeiro: Difel, 1980.

NOVELLY, Maria C. *Jogos teatrais*: exercícios para grupos e sala de aula. Campinas: Papirus, 1994. (Ágere).

PERCY, Allan. *Nietzsche para estressados*: 99 doses de filosofia para despertar a mente e combater as preocupações. Tradução de Rodrigo Peixoto. Rio de Janeiro: Sextante/GMT, 2011.

PIAGET, Jean. *O juízo moral na criança*. Tradução de Elzon L. 2. ed. São Paulo: Summus, 1994.

PREDEBON, John. *Criatividade*: abrindo o lado inovador da mente: um caminho para o exercício prático dessa potencialidade, esquecida ou reprimida quando deixamos de ser criança. São Paulo: Atlas, 1998.

PUEBLA, Eugênia. *Educar com o coração*. 4. ed. São Paulo: Peirópolis, 1997.

RAMIREZ, Fuensanta Cerezo. *Condutas agressivas na idade escolar*. Rio de Janeiro: Mcgraw-Hill Brasil, 2001.

ROSA, Sanny S. da. *Brincar, conhecer e ensinar*. São Paulo: Cortez Editora, 1998. v. 68. (Questões da Nossa Época).

SANTOS, Santa Marli Pires dos (Org.). *A ludicidade como ciência*. Petrópolis: Vozes, 2001.

SILVA, Tiago Aquino da Costa; GONÇALVES, Kaoê Giro Ferraz. *Manual de lazer e recreação*: o mundo lúdico ao alcance de todos. São Paulo: Phorte Editora, 2010.

_____; _____; ARAÚJO, Mérie Hellen Gomes de. *Jogos tradicionais Infantis*: revivendo o passado e brincando no presente. In: Enarel - ENCONTRO NACIONAL DE RECREAÇÃO E LAZER, 21, Florianópolis [s.n.], 2009.

TEATRO como instrumento de educação, um roteiro de trabalho para o professor. São Paulo: Apeoesp/Cenp/Persona, 1986.

VYGOTSKY, Lev. *A formação social da mente*: o desenvolvimento dos processos psicológicos superiores. 3. ed. São Paulo: Martins Fontes, 1989. (Psicologia e Pedagogia. Nova Série).

_____. *Imaginação e criação na infância*. São Paulo: Ática, 2009. (Ensaios Comentados).

WADLEY, Anita. Apenas brincando. *Infantilidades*. Disponível em: <http://infantilidades.wordpress.com/2009/06/29/apenas-brincando/>. Acesso em: 17 mar. 2012.

WECHSLER, Solange Múglia. *Criatividade*: descobrindo e encorajando. Campinas: Psy, 1998.